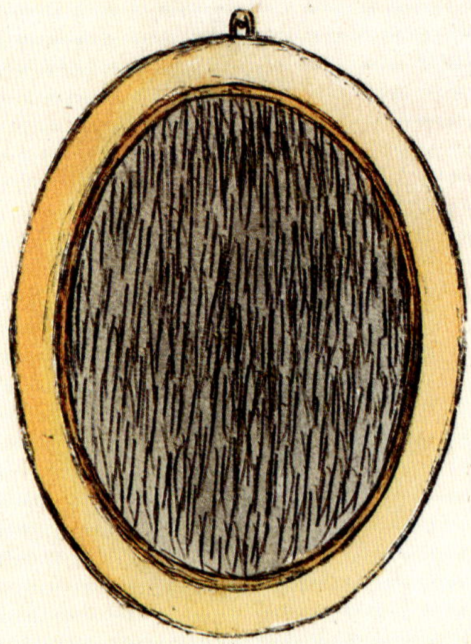

Reproduktionen: Lithomontage, Wien
Satz: Vogel Medien GmbH, Korneuburg
Printed in Hungary

ISBN 3-85303-118-8

Linda Wolfsgruber

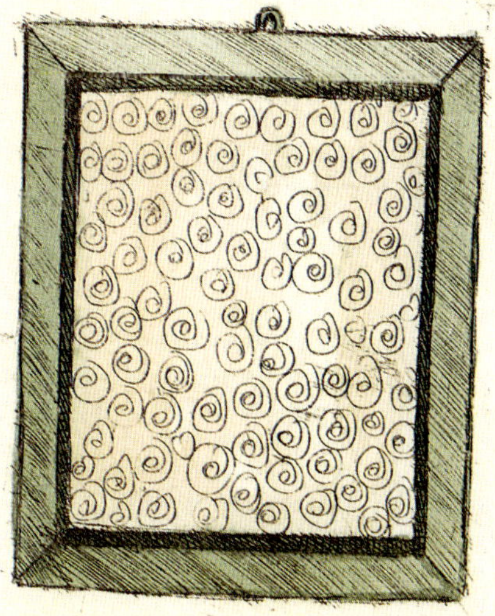

Wolf oder Schaf

Böse oder brav?

Kerle
München
Wien

Huuh!
Bin ich nicht ein
ganz schön schrecklicher
Wolf?

Bääh!
Und ich bin ein
schrecklich schönes
Schaf!

Komm, mach mit, Schaf!
Sei kein Spielverderber!

Mach nicht solchen Wind, Wolf!
Da kleckert mir ja das Müsli
aufs Fell!

74

Ein Schaf
als süße Fee!
Da kriegt
man ja
Zahnschmerzen!

MANCHMAL STECKT . . .

So ein
Wolfsgeheul!
Das bläst
den stärksten
Bären um!

... IN EINEM SCHAF ...

Ein Schaf,
das seine
eigene Wolle
verstrickt?
Quatsch!

. . . EIN WOLF.

So ein Angeber!
Wolf, seit wann
gibt's Rotkäppchen
in Dosen?

UND MACHMAL STECKT . . .

SOUP

der Wolf ist blöd
1+3 = soviel
Super
TI AMO!

Dummes Schaf!
Schmusewolle
ist doof.
Am liebsten
möcht ich dir
das Fell über
die Ohren ziehen.

. . . IN EINEM WOLF . . .

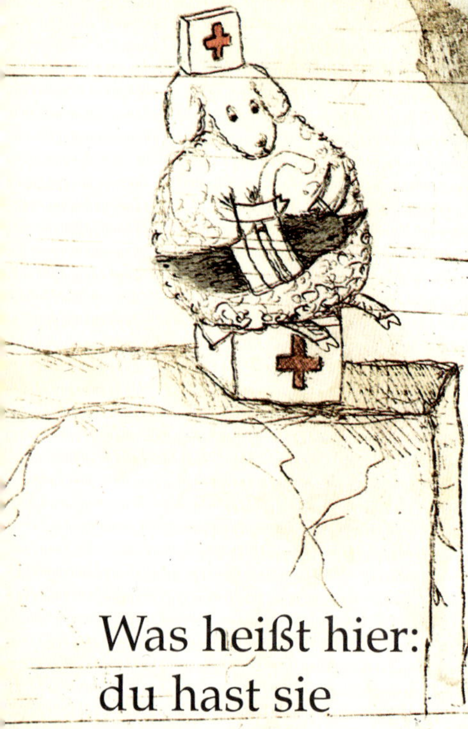

Was heißt hier:
du hast sie
zum Fressen gern?!
Laß sie sofort los!
Ich werde mich
um sie kümmern.

. . . EIN SCHAF.

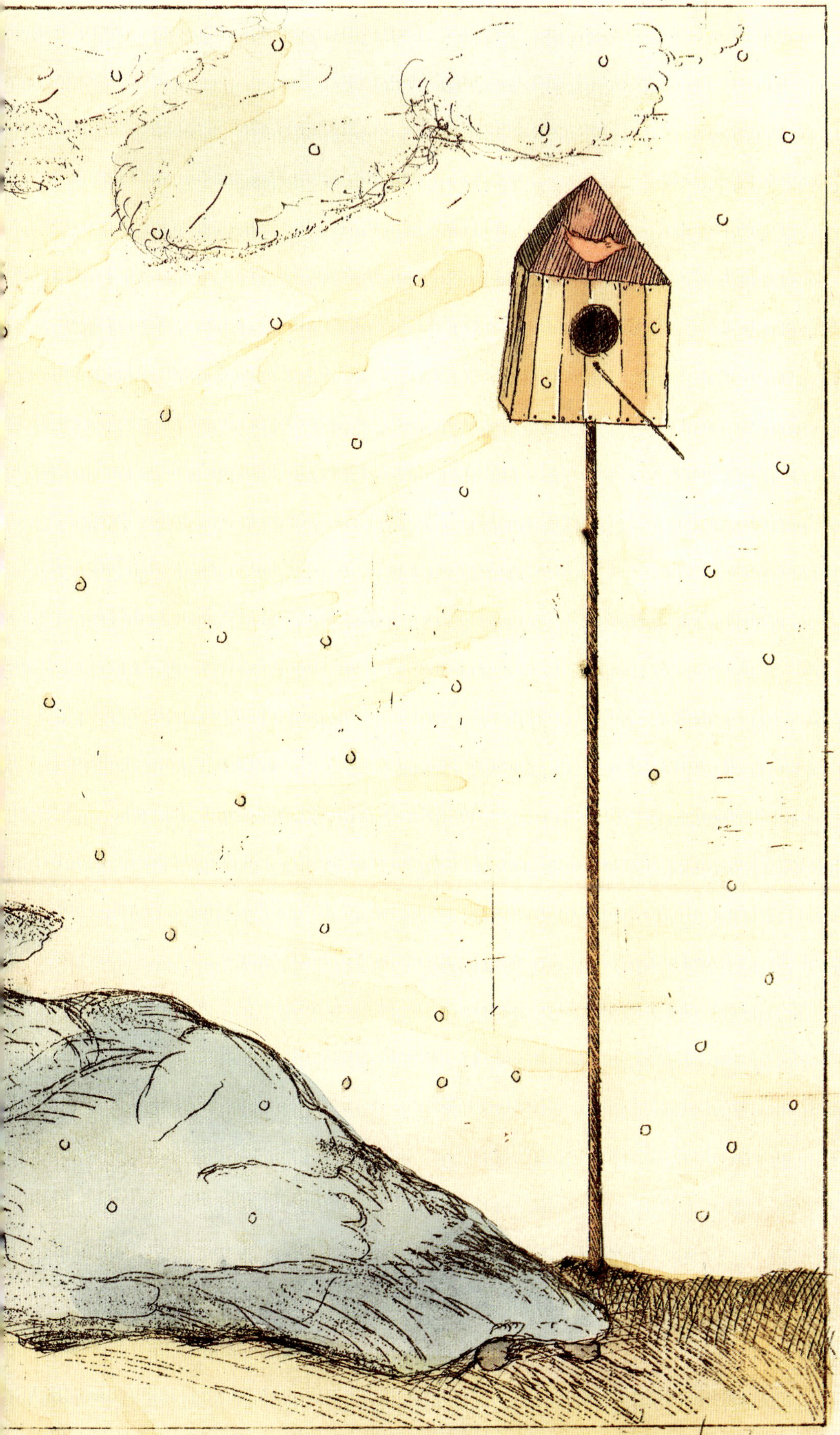

Kommt lieber
alle her zu mir,
ihr netten Tierchen.
Ich werde euch
beschirmen!

DABEI IST DOCH JEDER WOLF
EIN BISSCHEN SCHAF.

Ach Wolf!
Spielst mal wieder
„Wer hat Angst
vorm bösen
Wolf?“

UND JEDES SCHAF
EIN BISSCHEN WOLF.

74

Nix wie raus aus den Klamotten!

Wolfsein ist anstrengend.

Schafsein auch.

Nacht, Wolf!
Morgen bin ich lieber wieder Schaf.

Genau. Und ich bin wieder Wolf.
Nacht, Schaf.